A Guide on How to Write a Will

遺言書の書き方ガイド

法務局保管制度対応版

永岡書店

『遺言書キット』で法的な形式にそった
自筆証書遺言をつくりましょう！

「遺言書に興味はあるけれど、どうやって書けばいいのかわからない」
「遺言書の内容をなかなか決められない」

遺言書の相談を受けていると、そんな声をよく耳にします。そのような人は、実は、自分の相続人や財産の内容についてよく把握していないことが多いのです。

この『遺言書の書き方ガイド』は、次の2つのパートで構成されています。

解説編　自筆証書遺言のつくり方

書き方見本、訂正方法、保管方法など、遺言書キットを使って「自筆証書遺言」を作成するためのポイントを説明しています。

書き込みノート編　あなたの相続人と財産内容

このノートに記入することで、あなたの相続人が誰かや、財産内容を把握でき、遺言書の内容を決めやすくなります。

今まで「遺言書づくりは大変そう」とためらっていた人でも、本書の手順通りに進めれば、きっと満足のいく遺言書がスムーズにつくれるはずです。

もくじ

解説編　自筆証書遺言のつくり方

遺言書キットの使い方　4

コラム　遺言書はいきなり書き出さずに下準備が大切
遺産のわけ方は配偶者に相談してから決めましょう　7

自筆証書遺言の書き方　8

自筆証書遺言の書き方　見本　10

間違えたときの訂正方法　12

コラム　財産目録は手書きでなく、パソコン作成でも認められる　13

遺言書を封印しよう　14

遺言書を保管しよう　16

コラム　自筆証書遺言を全国の法務局で保管してくれる制度がスタート　17

書き込みノート編　あなたの相続人と財産内容

遺言書作成チェックシート　18

戸籍について　20

法定相続人リスト　22

財産リスト（不動産）（預貯金）（証券）（保険）　24

財産のわけ方　28

その他（祭祀主宰者・遺言執行者・付言事項）　31

遺言書キットの使い方

★これから遺言書の内容を考える人は、❶からスタートしましょう。
★すでに遺言書の内容を決めている人は、❷からスタートしましょう。

❶あなたの相続人と財産内容を書き込む（P18〜）

あなたの人間関係や財産内容を整理して、財産のわけ方を決めましょう。

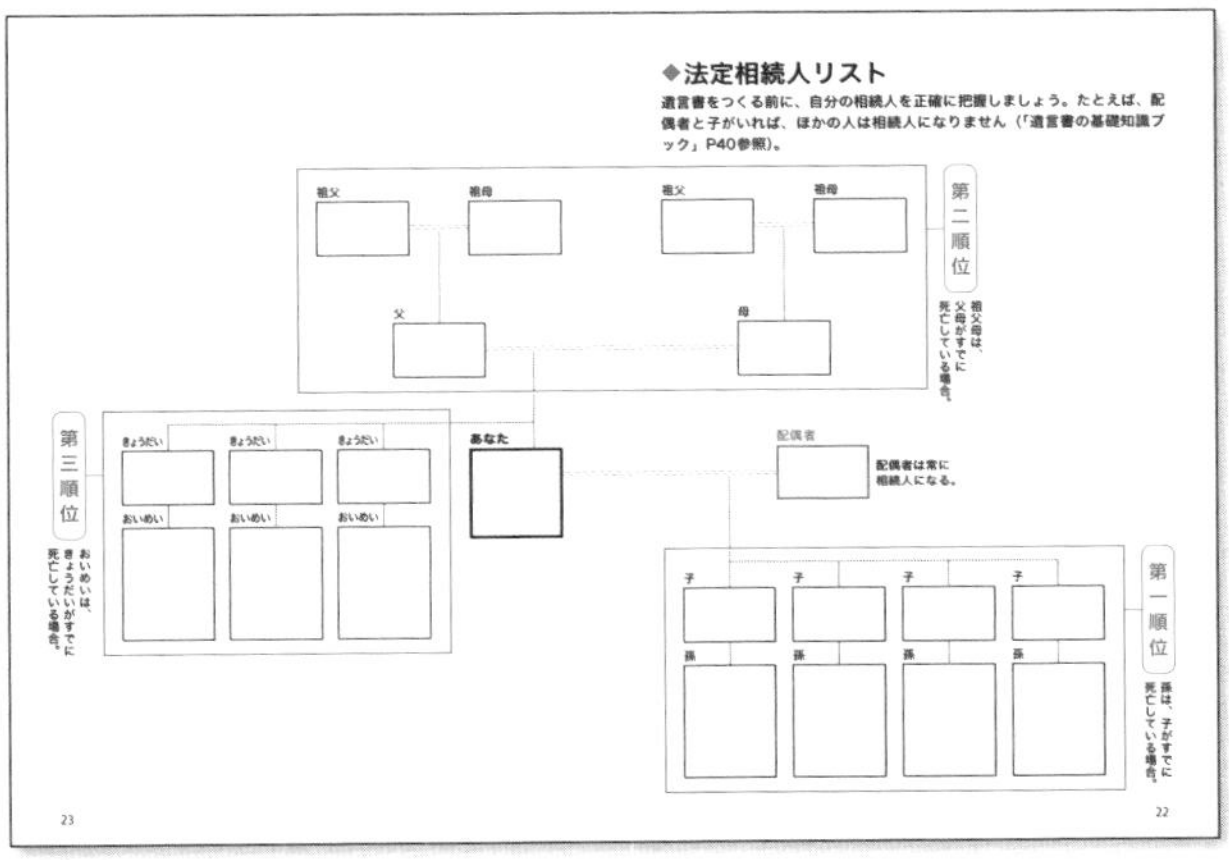

◆法定相続人リスト

遺言書をつくる前に、自分の相続人を正確に把握しましょう。たとえば、配偶者と子がいれば、ほかの人は相続人になりません（「遺言書の基礎知識ブック」P40参照）。

祖父　祖母　祖父　祖母

父　母

第二順位　祖父母は、父母がすでに死亡している場合。

あなた

配偶者　配偶者は常に相続人になる。

きょうだい　きょうだい　きょうだい

おいめい　おいめい　おいめい

第三順位　おいめいは、きょうだいがすでに死亡している場合。

子　子　子　子

孫　孫　孫　孫

第一順位　孫は、子がすでに死亡している場合。

23　22

（預貯金）

金融機関名	支店名・連絡先	口座番号	種類	備考

◆財産リスト（不動産）

不動産①
種類　□土地　□建物　□共同住宅（マンションなど）　□その他
所在地　（住所）（登記簿上）
備考（持分、共有者名、賃貸物件・投資物件など）

不動産②
種類　□土地　□建物　□共同住宅（マンションなど）　□その他
所在地　（住所）（登記簿上）
備考（持分、共有者名、賃貸物件・投資物件など）

不動産③
種類　□土地　□建物　□共同住宅（マンションなど）　□その他
所在地　（住所）（登記簿上）
備考（持分、共有者名、賃貸物件・投資物件など）

不動産④
種類　□土地　□建物　□共同住宅（マンションなど）　□その他
所在地　（住所）（登記簿上）
備考（持分、共有者名、賃貸物件・投資物件など）

25　24

キット内容

〈遺言書の書き方ガイド〉

遺言書キットの使い方を解説しています。また遺言書を書く前に、あなたの相続人や財産を把握することができます。

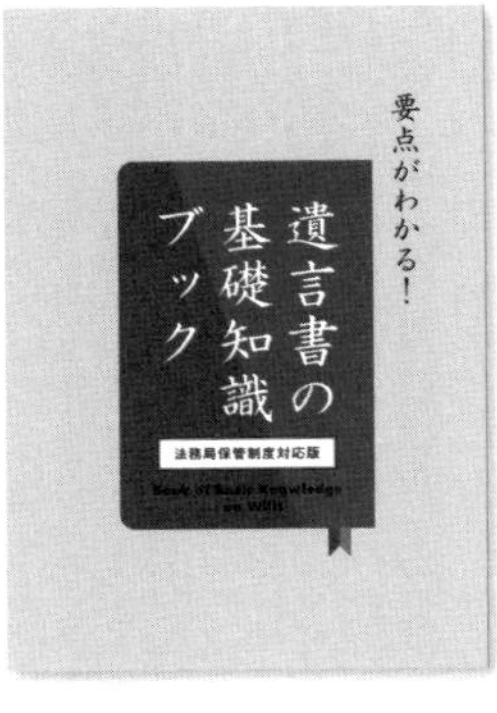

〈遺言書の基礎知識ブック〉

自分で遺言書をつくるための基礎知識や参考になる見本等をわかりやすく解説しています。

❷遺言書を下書きする

書き間違えた場合、訂正方法が難しいので（P12参照）、いきなり清書せず、なるべくノートや便せんに下書きをしてから清書するようにしましょう。

何度でも書き直せるように、鉛筆で下書きするといいでしょう。

法改正により、「財産目録」はワープロやパソコンでの作成が可能になり、手書きの負担が軽減されました（P13参照）。

❸遺言書を清書する

遺言書は、縦書き、横書きのどちらで書いても構いません。下書きの通りに遺言書清書用紙に清書し、押印します（P10参照）。

黒色の油性ボールペンなど消えにくい筆記具を使用します。法務局の自筆証書遺言書保管制度（法務局保管制度）を利用する場合は、遺言書を作成する上でのルールを法務省ホームページでご確認ください。（注）

（注）：法務局の自筆証書遺言書保管制度を利用する際はA4サイズで、文字の判読を妨げるような地紋、彩色等のない用紙を使ってください。付属の遺言書清書用紙は、法務局の自筆証書遺言書保管制度の様式に対応しています。制度上決められた様式については、法務省ホームページでご確認ください。

※法務省ホームページ https://www.moj.go.jp/MINJI/minji03_00051.html

〈保管用封筒〉（1枚）

遺言書を保管するための専用封筒。
※法務局で保管してもらう際、封筒は使いません（P17参照）。

〈保管用台紙〉（1枚）

遺言書を保管するための台紙。
※法務局で保管してもらう際、台紙は使いません（P17参照）。

〈遺言書清書用紙〉（A4・8枚）

書きやすさを追求した遺言書専用の清書用紙。法務局の自筆証書遺言書保管制度の様式に対応しています。（注）

❹遺言書を保管用台紙にはさむ

遺言書が保管中に破損しないように、台紙にはさみます。

複数枚になるときは、ホッチキス等で留めましょう。ただし、法務局で保管する場合は、ホッチキス等で留めないでください（P14参照）。

【遺言書】

❺封筒に入れて封印する

封筒に必要事項を記入し、❹を入れてからのりづけします。最後に、遺言書で使用したのと同じ印鑑で2ヶ所押印します。

法務局で保管する場合、封筒には入れずに申請してください（P15参照）。

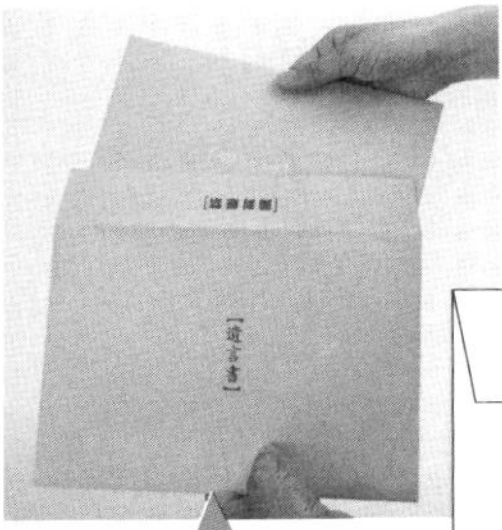

完成！

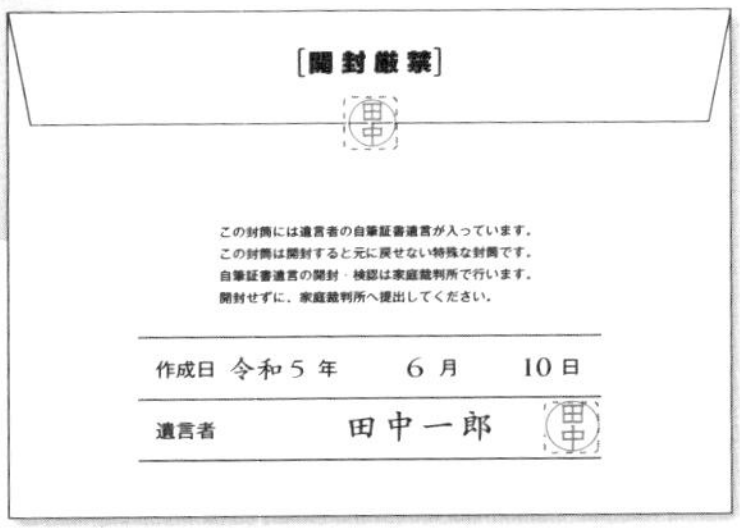

[開封厳禁]
この封筒には遺言者の自筆証書遺言が入っています。
この封筒は開封すると元に戻せない特殊な封筒です。
自筆証書遺言の開封・検認は家庭裁判所で行います。
開封せずに、家庭裁判所へ提出してください。
作成日 令和５年 ６月 10日
遺言者 田中一郎

❻遺言書を保管する

これまで自宅の金庫や引き出しなどに保管されることが多かった「自筆証書遺言」は、法改正により法務局に預けられるようになりました（2020年7月10日から施行、P17参照）。紛失や改ざんのおそれがなく安心です。遺言書の保管の申請時の手数料は、1通3900円です。遺言書の保管場所は、配偶者など信頼できる人に伝えましょう。

順番通りに作業を進めると、遺言書がスムーズに完成します

遺言書
遺言者田中一郎

※これらの手順を一部省略しても、法律上問題ありません。
封印しない場合は、第三者に内容を見られないように注意してください（P15参照）。

コラム

遺言書はいきなり書き出さずに下準備が大切
遺産のわけ方は配偶者に相談してから決めましょう

自筆証書遺言の書き方のルールは多くないので、次ページ以降の手順にそって進めれば難しくないはずです。ただ、原則として全文を自筆するので、何度も書き直さなくてすむよう、事前に戸籍謄本や不動産の登記事項証明書を取り寄せるなどの下準備をしておきましょう。

また、誰にも相談しないで財産のわけ方を決めてしまうと、将来相続人が困る可能性があるので、配偶者がいれば相談したほうがいいでしょう。

遺言書を書く前にチェックしておきたいこと

- □ 法定相続人が誰かわかりましたか？
  - ↓「遺言書の基礎知識ブック」Ｐ40参照
- □ 誰にどの財産をあげるか決めましたか？
  - ↓「遺言書の基礎知識ブック」Ｐ46参照
- □ 相続人の遺留分について配慮しましたか？
  - ↓「遺言書の基礎知識ブック」Ｐ44参照
- □ 財産をあげる相手の情報（氏名、生年月日など）は正確ですか？

※相続人の氏名や不動産の所在地などが間違っていると相続手続きができないことがあるので、なるべく謄本などの公的な書類で確認しましょう。

自筆証書遺言の書き方

実際に遺言書を書いてみましょう。決まりを守らないと、法的に無効になる可能性があるので要注意です。

【用意するもの】

●遺言書の用紙

便せんや原稿用紙、レポート用紙など、なんでもかまいませんが、長期保管に耐えられるものを選んでください。付属の遺言書清書用紙を利用すると便利です。(注)

●筆記用具

黒色の油性ボールペンなど長期間たっても消えにくいものを選びましょう。鉛筆は後日、改ざんされるおそれがあるので、おすすめできません。

●印鑑

認印も可能ですが、本人だと証明しやすい実印がベストです。インク内蔵型は避けましょう。

(注)：法務局の自筆証書遺言書保管制度を利用する際はA4サイズで、文字の判読を妨げるような地紋、彩色等のない用紙を使用する必要があります（付属の遺言書清書用紙は対応しています）。詳しくは、法務省ホームページをご確認ください。

【必ず守ること】

❶自筆する

「遺言書」のタイトル、本文、日付、署名などすべてを自分自身で書きます。録音・録画、家族などによる代筆はいずれも遺言としては無効です。

ただし、２０１９年１月13日以降は財産目録をパソコンで作成したり、預貯金通帳のコピーや登記簿謄本の添付で代えられるようになりました（全ページに署名押印が必要）。

❷作成の日付は正確に書く

令和５年６月10日、２０２３年６月10日というように、和暦・西暦のどちらでも構いませんが、正確に書きます。内容が矛盾する遺言書が複数ある場合、新しい日付のものが有効です。

❸自筆で署名する

戸籍上の氏名を書きましょう。氏名の前に住所を書くと、より確実に本人確認ができます（P10参照）。

❹印鑑を押す

署名のあとに押印します。

記載例（本文）

遺言書

1．私は、私の所有する別紙目録第１記載の不動産を、長男甲野一郎（昭和〇年〇月〇日生）に相続させる。

2．私は、私の所有する別紙目録第２記載の預貯金を、長女甲野花子（昭和〇年〇月〇日生）に相続させる。

～以下略～

記載例（別紙）

別紙

目録

第１　不動産

　１　土地

　　所在　〇〇市〇〇区〇〇町〇丁目

　　地番　〇番〇

　　地目　宅地

　　地積　〇〇平方メートル

　２　建物

　　所在　……（略）

　３　区分所有権

　　１棟の建物の表示

　　所在　〇〇市〇〇区〇〇町〇丁目〇番地〇

　　建物の名称　……（略）

第２　預貯金

　１　〇〇銀行〇〇支店　普通預金　口座番号〇〇

　２　通常貯金

　　記号〇〇　番号〇〇

　～以下略～

※法務省の資料をもとに作成

自筆証書遺言の書き方 見本

遺言書（※1）

遺言者山田太郎は、次の通り遺言する。

1．遺言者は、遺言者の所有する以下の不動産、預貯金等を含む一切の財産を、遺言者の妻山田花子（昭和20年1月18日生）に相続させる。（※2）

（1）土地（※3）

所在／東京都練馬区田中町一丁目　　地番／1234番56号

地目／宅地　　地積／97㎡

（2）建物

所在／東京都練馬区田中町一丁目3番地

家屋番号／1234番56号の2　　種類／居宅

構造／木造合金メッキ鋼板ぶき2階建て

床面積／1階70.50㎡、2階55.78㎡

（3）遺言者名義の預貯金及び有価証券を含む金融資産（※4）

①二友銀行　中央支店　口座番号719654　普通預金

②株式会社エコダ出版の株式1000株

（4）その他、遺言者に属する一切の財産

2．本遺言の発効以前に前記妻山田花子が死亡した場合は、上記規定により同人が取得する予定であった財産を、長男山田幸一郎（昭和45年9月1日生）に相続させる。（※5）

3．遺言者は、祖先の祭祀を主宰すべき者として、前記長男山田幸一郎を指定する。（※6）

4．遺言者は、本遺言の執行者として、前記長男山田幸一郎を指定する。（※7）

5．付言事項

妻の幸せを願い、このような遺言をしました。幸一郎は母親を大切にしてください。（※8）

令和5年6月10日（※9）

東京都練馬区田中町一丁目2番3号（※10）

遺言者　山田太郎　山田

1/1

（※11）

※縦書き、横書きのどちらで書いても構いません。この見本は相続人の遺留分を考慮していないので注意してください。
※法務局の自筆証書遺言書保管制度を利用する場合は、法務省ホームページで詳細をご確認ください。

※1　タイトルを書きましょう。

※2　相続人については「相続させる」、相続人以外の第三者については、「遺贈する」と書きます。後者の場合は、相手を特定できるように、氏名と生年月日のほかに職業と住所も書きましょう。

※3　不動産は現住所ではなく、登記簿謄本の通りに正確に記載します。マンションの場合は「遺言書の基礎知識ブック」P21を参照してください。

※4　金融機関名、支店名、口座番号を記載すると相続手続きがスムーズになります。

法改正により、「財産目録」はワープロやパソコンでの作成が可能になりました（2019年1月13日施行、P13参照）。

※5　相手が先に亡くなった場合に備えて予備的に遺言することができます。

※6　祭祀の主宰者（葬儀・納骨・墓地等を引き継ぐ人）を指定できます。

※7　確実に実行してもらえるように遺言執行者を指定しましょう。

※8　家族へのメッセージや遺言をした理由などが書けます。なるべく簡潔にしましょう。

※9　日付は作成年月日を正確に（和暦・西暦のどちらでも構いません）。

※10　住所は書いても書かなくても構いませんが、本人確認のためになるべく書きましょう。

※11　戸籍名で署名してから、押印します。

間違えたときの訂正方法

遺言書を書き間違えたときは、決まったやり方で訂正しなければ無効になります。複数間違えたら書き直しましょう。

訂正は複雑なので、なるべく書き直しましょう

文字や数字などを書き間違えた場合は、下記のようにして訂正します。手順通りにしないと訂正の効果が生じないので注意してください。

手順が少し複雑なので、複数箇所を書き直したい場合は、遺言書を破棄して、あらたに書き直したほうがいいでしょう。

【訂正の手順】

❶間違えた部分を2重線で消して、そのそばに正しい文字を書きます。
❷訂正した部分に、署名の隣に押したのと同じ印鑑で押印します。
❸遺言書の余白に、どの部分をどのように訂正したのかを付記して、その部分に署名します（法務局保管制度を利用する場合は、制度上決められた様式ルールを守るよう余白を確保してください）。

【追記の例】

遺言書

遺言者山田太郎は、次の通り遺言する。
1．遺言者の妻山田花子に、次の財産を相続させる。
（1）土地

本行第5字目を
4に変更する
山田太郎

地積／9~~5~~.0平方メートル
4 ㊞（山田）

～以下略～

別紙

目録

豊田 ㊞（山田）
一　所在　東京都練馬区~~田中~~一丁目
地番　○番○号
～以下略～
山田　太郎 ㊞（山田）

上記一中、二字削除二字追加
山田太郎

※訂正した部分と付記、署名はいずれも手書き。
※法務省の資料をもとに作成。

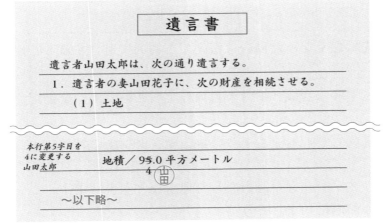

コラム

財産目録は手書きでなく、パソコン作成でも認められる

自筆証書遺言は、全文を自筆する必要がありますが、法改正により財産目録だけは手書きでなくてもよくなりました。

パソコンでの作成のほか不動産の登記事項証明書や預貯金通帳のコピーを別紙として添付し、全ページ（裏面に記載があれば裏面にも）に署名押印する方法があります。

ただし、法務局保管制度を利用する場合、裏面には記載できません。

別紙
（PCで作成可）
目録
一　土地
所在　東京都…
地番　…
地目　…
地積　…
二　建物
所在　東京都…
家屋番号　…
種類　…
床面積　…
山田　太郎　山田
遺言書
遺言者山田太郎は、遺言者の有する別紙目録一及び二の不動産を遺言者の長男山田一郎に相続させる。
令和５年６月10日
山田　太郎　山田
財産目録

※法務省の資料をもとに作成。

遺言書を封印しよう

遺言書を封印するのは必須ではありませんが、変造を防ぐために封筒に入れて押印すると安心です。

遺言書が複数ページある場合

❶用紙の端に「1／2、2／2」など該当ページ番号を記入します。

❷遺言書がバラバラにならないように、用紙の端をのりやホッチキスで留めるといいでしょう。ただし、法務局保管制度を利用する場合は、ホッチキス等で留めないでください。

❸変造防止のために、用紙の境目に割印をします。なお、これらは変造防止のためのもので、このような処理をしなくても、法的には問題ありません。

【複数ページになる場合】

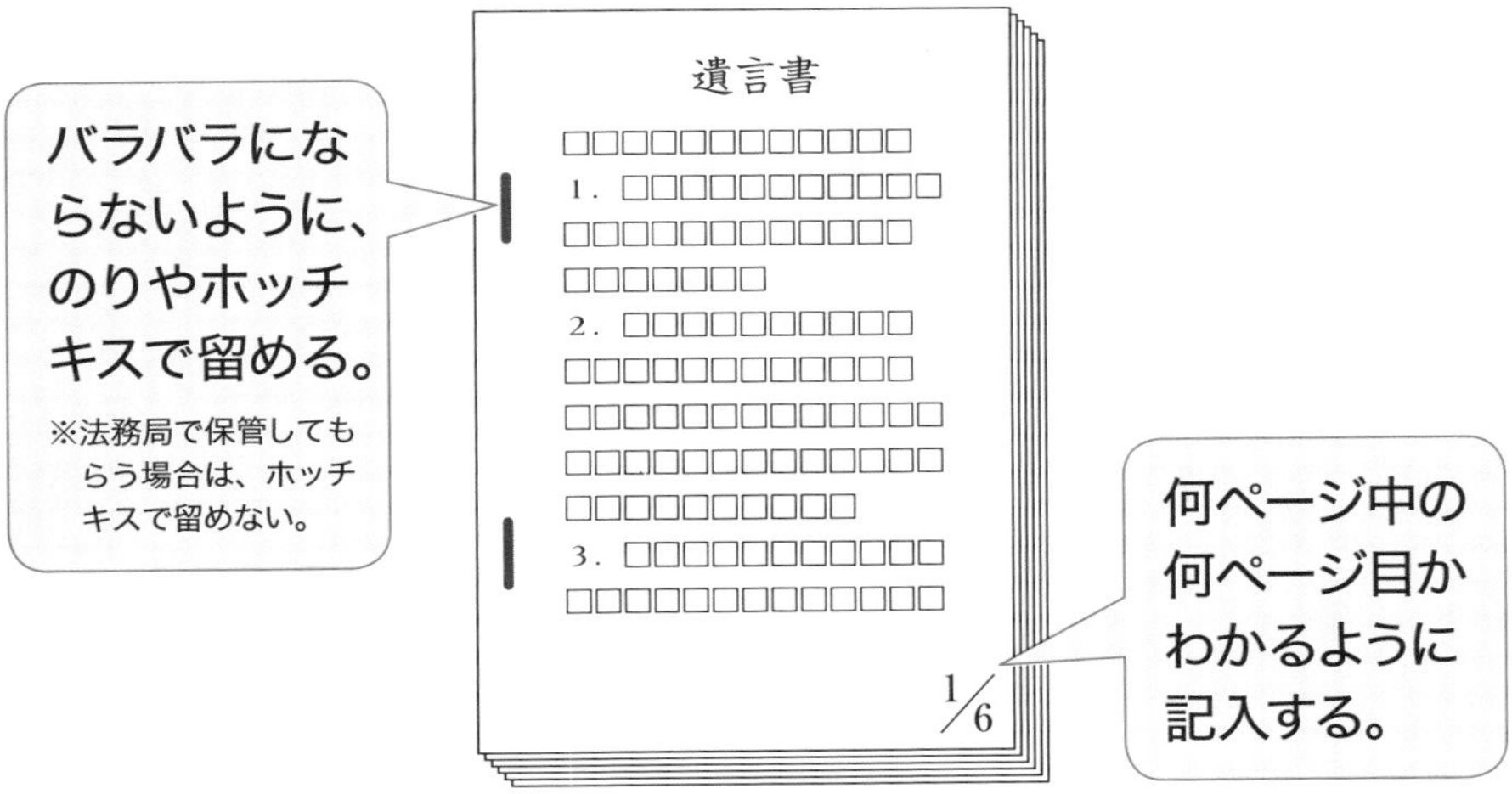

遺言書
1.
2.
3.
1/6
バラバラにならないように、のりやホッチキスで留める。
※法務局で保管してもらう場合は、ホッチキスで留めない。
何ページ中の何ページ目かわかるように記入する。

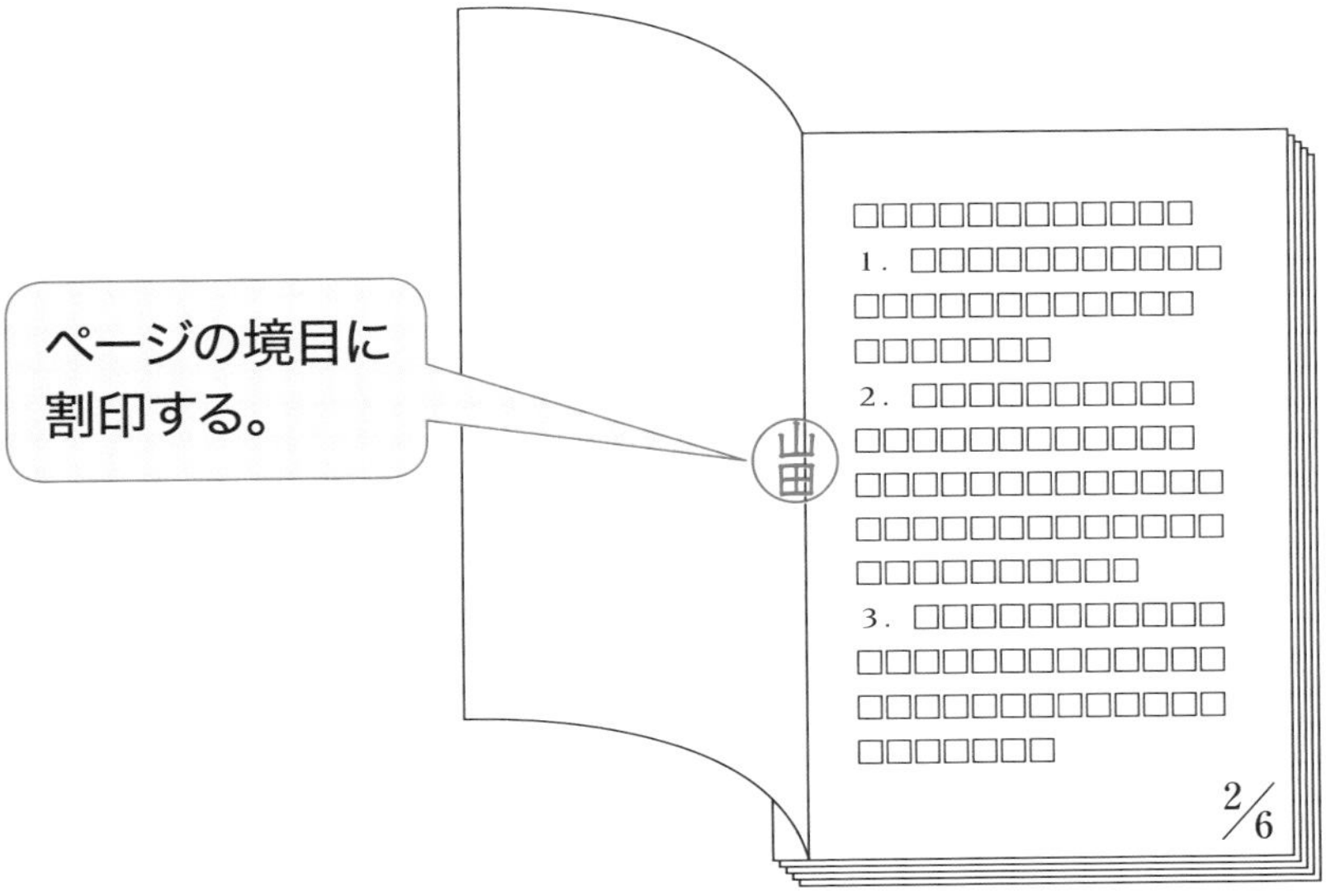

1.
2.
3.
2/6
山田
ページの境目に割印する。

勝手に中身を見られないように封印しましょう

封印は、法律上の要件ではありませんが、遺言書の内容を誰かに見られてトラブルになったり、変造されたりするのを防ぐためには、封印したほうが安全です。

封印の方法は下の通りです。封筒は、中身が透けにくい少し厚手のものを用意しましょう。あとで内容を見返したくなったときのために、封筒に入れる前に遺言書のコピーを取っておくといいでしょう。

なお、法務局で保管してもらう際は、封筒に入れずそのまま申請します。（注）

【封印のしかた】

（注）：法務局で遺言書の原本を保管する場合、封筒に入れないで法務局に提出してください。もし、提出済みの遺言書のコピーを封筒で保管する場合は、相続発生後、相続人が法務局で遺言書情報証明書を取得する必要があります。

【表面】

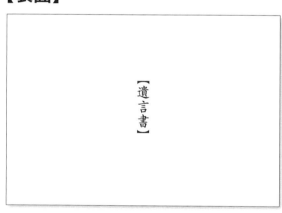

※遺言書キット付属の封筒には、表書きと注意書きが印刷されています。

【裏面】

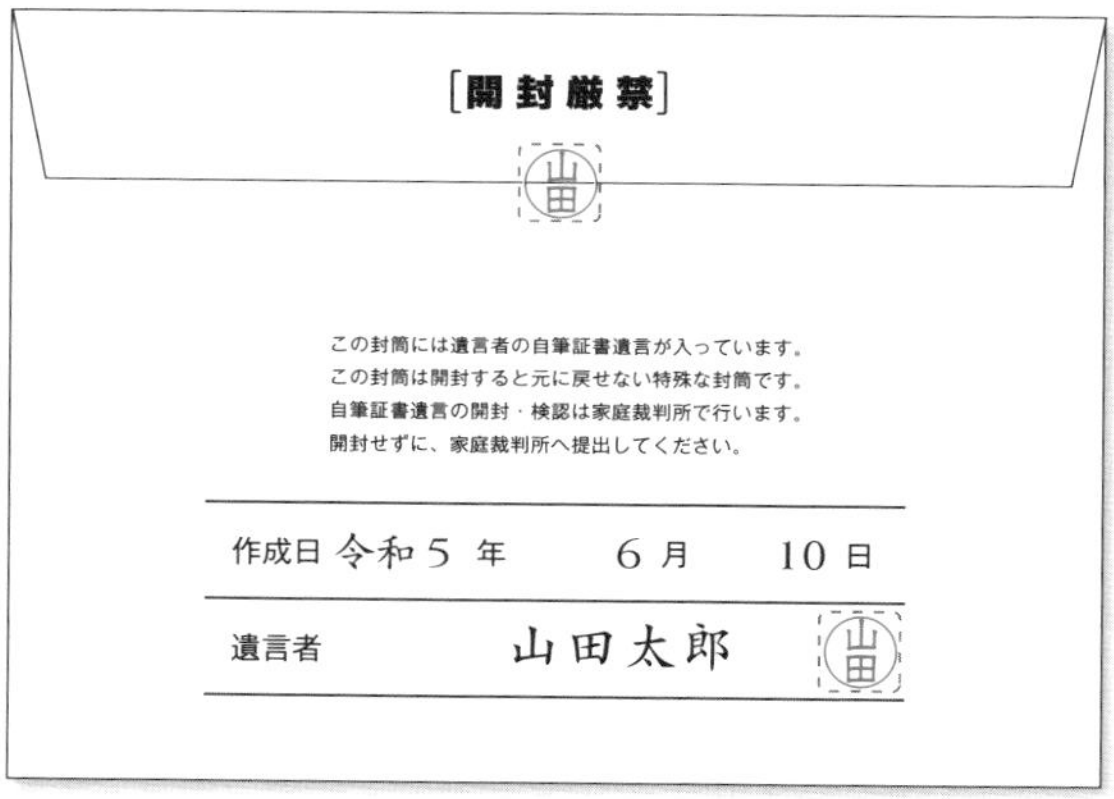

❶封筒に「遺言書」と表書きする。
❷裏面に、遺族が勝手に開封しないように注意書きを書いてから、署名・押印する。
❸封筒の開封口に印鑑を押す。
※印鑑は、遺言書で使用したものと同じものを使用してください。

遺言書を保管しよう

自宅で保管すると紛失などのおそれがありますが、法務局で保管すれば安心。将来、検認手続きも必要ありません。

遺言書の保管方法は？

遺言書の封印後、相続発生まで自宅の金庫などで保管する場合は、保険証券や不動産の権利証とともに保管するといいでしょう。

貸金庫に預けると紛失の心配はありませんが、開錠には相続人全員の同意が必要なので、遺言書の発見に時間がかかることがあります。

適当な場所がなければ、弁護士や信頼できる知人に預けてもいいでしょう。遺言書の存在は、配偶者などに伝えておきましょう。

【ポイント】

- 遺言書を入れた封筒は、小さくて紛失しやすいので注意しましょう。
- 不動産の権利証や謄本、保険証券などと一緒に保管すると、将来、相続手続きの際に便利です。
- 法務局での保管についてはP17参照。

コラム

自筆証書遺言を全国の法務局で保管してくれる制度がスタート（2020年7月10日から施行）

以前、自筆証書遺言には、自宅で保管するうちに紛失や変造のおそれがありましたが、現在では法務局で保管してもらうことが可能になっています。

遺言書を法務局に持参して形式的なチェックを受けた後、法務局では原本と電子データを保管します。通常、相続発生後は家庭裁判所で検認手続きを受ける必要がありますが、法務局で保管された遺言書については不要になります。

※保管申請手続の詳細は、法務省ホームページでご確認ください。

【申請に必要なもの】 ※令和５年４月現在

❶遺言書
❷保管申請書
❸本籍と筆頭者の記載のある住民票の写し等
❹顔写真付きの身分証明書
❺手数料として3,900円の収入印紙

【法務局に遺言書を保管する3つのメリット】

- 紛失や盗難のおそれがない
- 勝手に内容を書き換えられない
- 検認を受けなくても相続手続きできる

書き込みノート編

あなたの相続人と財産内容

遺言書づくりで一番難しいのは、誰に何をあげるかを決めることです。ノートに記入することで、どうすべきかが見えてきます。

◆遺言書作成チェックシート

今のあなたの考えに近いものにチェックをつけましょう。どんな遺言をすべきか、頭の中が整理されてくるはずです。

〔家族について〕

- □ 高齢や病気がちな配偶者の生活を守りたい
- □ 障害のある子どもの生活を守りたい
- □ 子どもたちには財産をなるべく均等に相続させたい
- □ 仕事をして自立している子どもには、財産をあまり相続させなくても大丈夫かなと思う
- □ これまでの関係を考慮して、誰にどの財産をあげるか決めたい
- □ 介護などでお世話になった子どもには財産を多めに相続させたい
- □ その他
（　　　　　　　　　　　　　　　　　　　　）

〔家族以外の人について〕

□	お世話になった人に財産をあげたい（　　　　　　　　　　さん）
□	財産を寄付したい（寄付先：　　　　　　　　　　）
□	その他（　　　　　　　　　　）

〔不動産について〕

□	いま自宅に住んでいる家族は、将来そのまま住み続けてほしい
□	将来、自宅は（売却／賃貸）してほしい
□	自宅以外の不動産について、誰に引き継がせたいか決めている
□	その他（　　　　　　　　　　）

〔預貯金について〕

□	預貯金は債務を払ったあと相続人同士で平等にわけてほしい
□	預貯金を誰にいくらあげるかは個別に考えたい
□	その他（　　　　　　　　　　）

〔祭祀・お墓について〕

□	これまでの我が家のやり方通りに行ってほしい
□	今までとは違うやり方でやってほしい （具体的に：　　　　　　　　　　）

〔その他、遺言書を書く際に重視したいこと〕

◆戸籍について

将来、あなたの家族が、相続手続きで一生分の戸籍を集める際に記録があれば役立ちます。文字や数字は正確に記入してください。

〔あなた〕

氏名	
生年月日	
現住所	
本籍地（現在の戸籍）	
出生地（出生時の戸籍）	

〔　　　　　　　　　　〕 ※配偶者などの記録もあると便利です。

氏名	
生年月日	
現住所	□ 同上
本籍地（現在の戸籍）	□ 同上
出生地（出生時の戸籍）	

memo

◆法定相続人リスト

遺言書をつくる前に、自分の相続人を正確に把握しましょう。たとえば、配偶者と子がいれば、ほかの人は相続人になりません（「遺言書の基礎知識ブック」P40参照）。

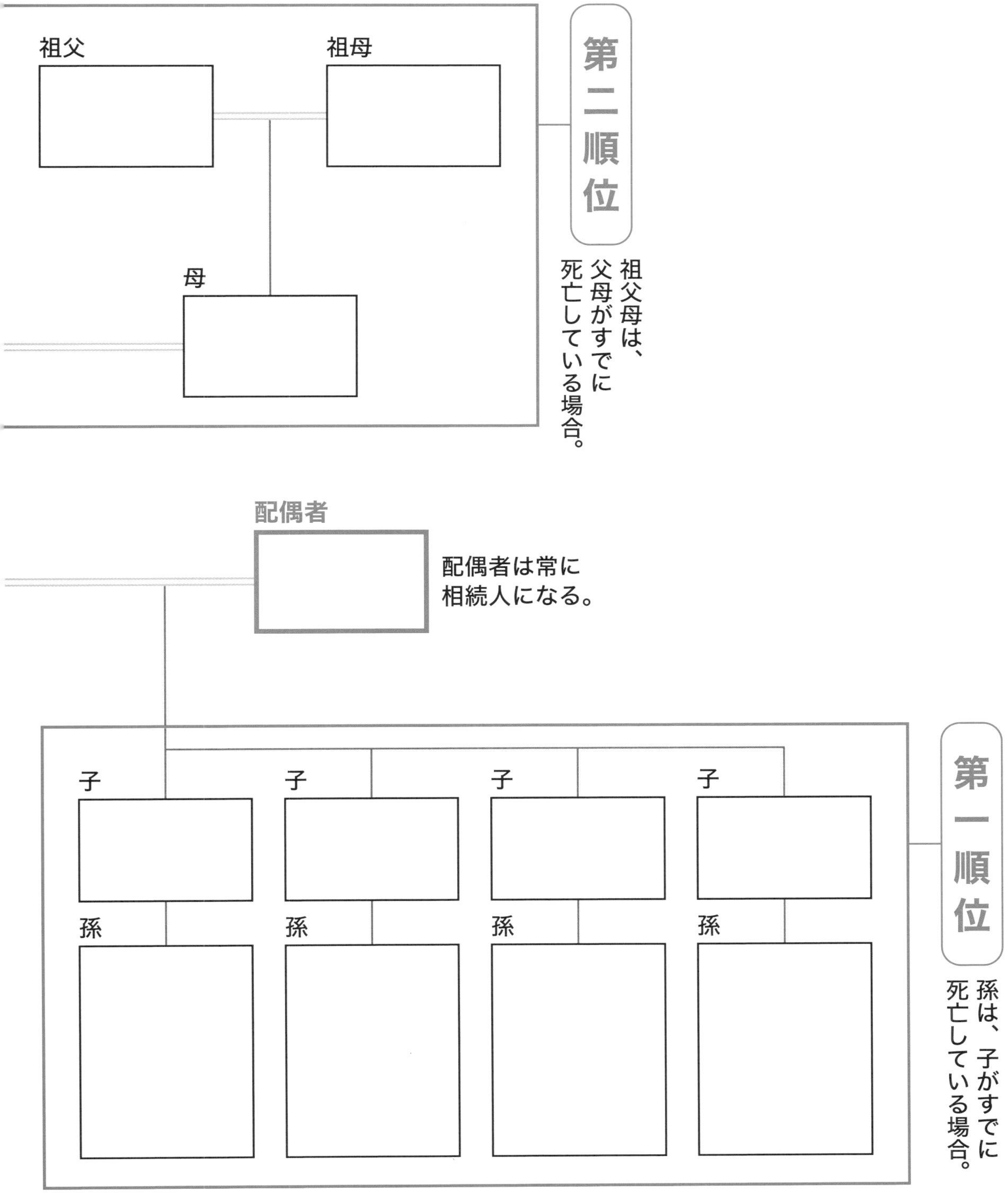
祖父
祖母
第二順位
祖父母は、父母がすでに死亡している場合。
母
配偶者
配偶者は常に相続人になる。
子
子
子
子
孫
孫
孫
孫
第一順位
孫は、子がすでに死亡している場合。

第三順位

おいめいは、きょうだいがすでに死亡している場合。

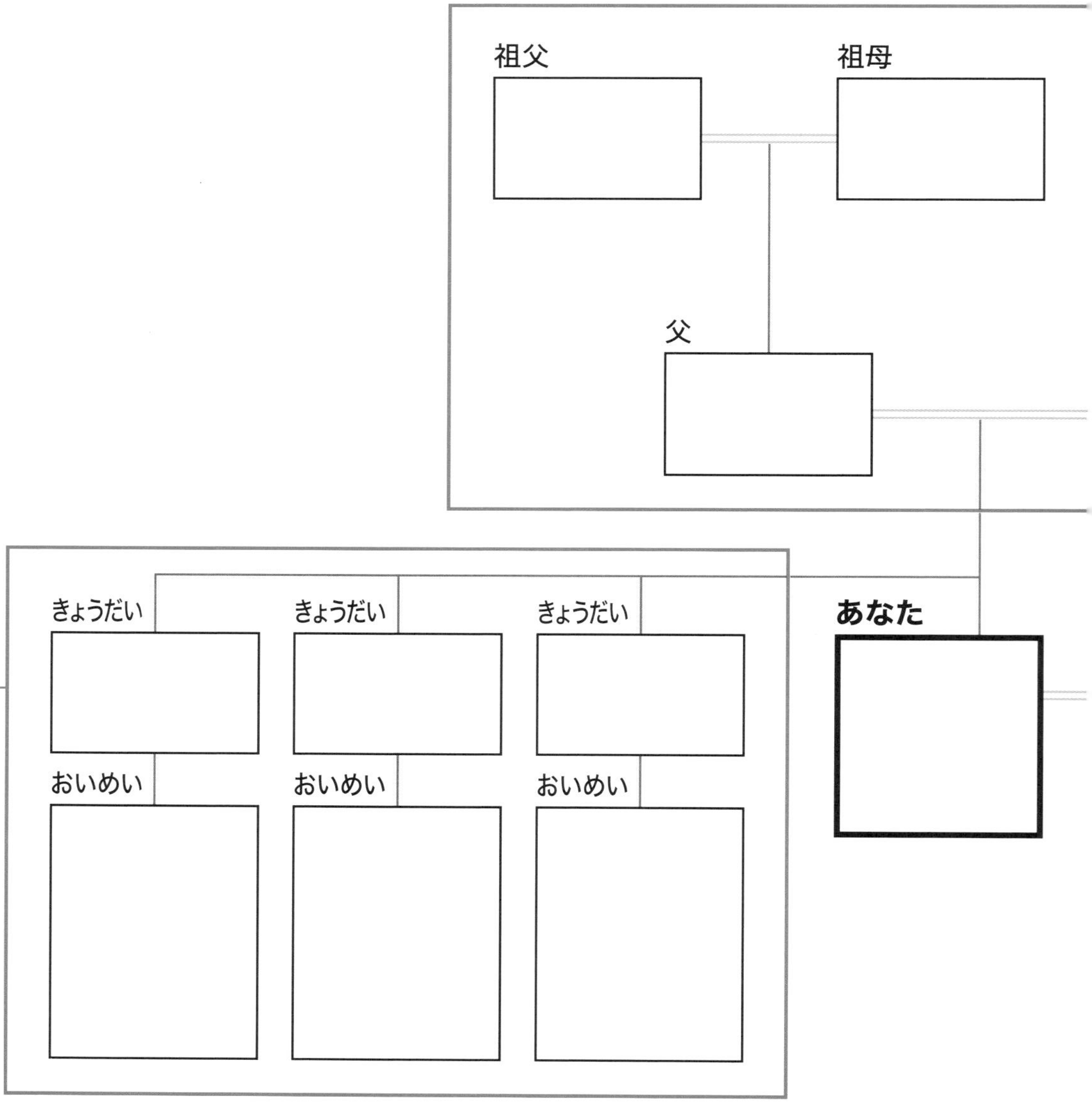
祖父
祖母
父
きょうだい
きょうだい
きょうだい
あなた
おいめい
おいめい
おいめい

◆財産リスト〔不動産〕

<table>
<tr><td rowspan="3">不動産①</td><td>種類</td><td>□ 土地　□ 建物　□ 共同住宅（マンションなど）　□ その他</td></tr>
<tr><td>所在地</td><td>〔住所〕
〔登記簿上〕</td></tr>
<tr><td colspan="2">備考（持分、共有者名、賃貸物件・投資物件など）</td></tr>
<tr><td rowspan="3">不動産②</td><td>種類</td><td>□ 土地　□ 建物　□ 共同住宅（マンションなど）　□ その他</td></tr>
<tr><td>所在地</td><td>〔住所〕
〔登記簿上〕</td></tr>
<tr><td colspan="2">備考（持分、共有者名、賃貸物件・投資物件など）</td></tr>
<tr><td rowspan="3">不動産③</td><td>種類</td><td>□ 土地　□ 建物　□ 共同住宅（マンションなど）　□ その他</td></tr>
<tr><td>所在地</td><td>〔住所〕
〔登記簿上〕</td></tr>
<tr><td colspan="2">備考（持分、共有者名、賃貸物件・投資物件など）</td></tr>
<tr><td rowspan="3">不動産④</td><td>種類</td><td>□ 土地　□ 建物　□ 共同住宅（マンションなど）　□ その他</td></tr>
<tr><td>所在地</td><td>〔住所〕
〔登記簿上〕</td></tr>
<tr><td colspan="2">備考（持分、共有者名、賃貸物件・投資物件など）</td></tr>
</table>

〔預貯金〕

金融機関名	支店名・連絡先	口座番号	種類	備考

〔証券〕株式・投資信託・国債など

会社名	支店名・連絡先	口座番号	種類・内容	備考

〔保険〕生命保険・損害保険・共済など

会社名・連絡先	保険の種類	内容	証券番号	備考

◆財産のわけ方

遺言書の作成前に、誰に何を相続させるのかを整理しましょう。事前に財産リスト（P24～27）に記入して、現在の財産内容を確認するといいでしょう。

記入例

財産を相続させたい相手	内　容	理　由
続　　柄：長男 氏　　名：山田太郎 生年月日：昭和 40 年 1 月 1 日 住　　所：東京都練馬区令和 1-23-4 連 絡 先：03-3456-XXXX	☑ 預 貯 金 ゆうちょ銀行　記号 12345 番号　67890　通常貯金 ☑ 不 動 産 自宅の土地・建物 ☑ そ の 他 山田商会の株式すべて	・長年同居してお世話になったので、自宅を相続させたい。 ・事業を引き継いでもらうので、株式をすべて相続させることにした。

注：このページに記入しただけでは、遺言書の要件を満たしません。後日のトラブル防止のため、遺言書の作成後、このページの記入内容は削除した方がいいでしょう。

財産を相続させたい相手	内　容	理　由
続　　柄： 氏　　名： 生年月日： 住　　所： 連 絡 先：	☐ 預 貯 金 ☐ 不 動 産 ☐ そ の 他	

財産を相続させたい相手	内　容	理　由
続　　柄： 氏　　名： 生年月日： 住　　所： 連 絡 先：	□ 預 貯 金 □ 不 動 産 □ そ の 他	

財産を相続させたい相手	内　容	理　由
続　　柄： 氏　　名： 生年月日： 住　　所： 連 絡 先：	□ 預 貯 金 □ 不 動 産 □ そ の 他	

財産を相続させたい相手	内　容	理　由
続　　柄： 氏　　名： 生年月日： 住　　所： 連 絡 先：	□ 預 貯 金 □ 不 動 産 □ そ の 他	

財産を相続させたい相手	内　容	理　由
続　　柄： 氏　　名： 生年月日： 住　　所： 連 絡 先：	□ 預 貯 金 □ 不 動 産 □ そ の 他	

◆その他〔祭祀の主宰者、遺言執行者、付言事項〕

祭祀の主宰者 ※「遺言書の基礎知識ブック」P60参照

氏　名：

生年月日：

住　所：

続柄・関係：

連絡先：

職　　業：

遺言執行者 ※「遺言書の基礎知識ブック」P61参照

氏　名：

生年月日：

住　所：

続柄・関係：

連絡先：

職　　業：

付言事項として書きたいこと ※「遺言書の基礎知識ブック」P61参照

memo

誰でも簡単につくれる遺言書キット

法務局保管制度対応版

（遺言書の書き方ガイド）

著　者　本田桂子
発行者　永岡純一
発行所　株式会社永岡書店
〒176-8518　東京都練馬区豊玉上 1-7-14
代表☎03（3992）5155　編集部☎03（3992）7191
ＤＴＰ　編集室クルー
印　刷　精文堂印刷
製　本　ヤマナカ製本